Inhalt

Der Strommarkt im Umbruch - Neue Strategien der Stromkonzerne

Kernthesen

Beitrag

Fallbeispiele

Weiterführende Literatur

Impressum

Der Strommarkt im Umbruch - Neue Strategien der Stromkonzerne

G.Dengl

Kernthesen

- Die Strompreise steigen zum Jahresanfang 2008 um bis zu 10 Prozent. Betroffen sind nicht nur Privathaushalte, sondern auch die Wirtschaft.
- Um die Preiserhöhungen zu umgehen, setzen immer mehr Unternehmen auf erneuerbare Energien, oder beziehen den Strom aus dem Ausland. Erneuerbare Energien gewinnen hierbei immer mehr an Bedeutung.

- Die Politik überlegt sich Maßnahmen um die Macht der Stromkonzerne zu verringern, gleichzeitig setzen Stromkonzerne wie Vattenfall neue Strategien um.

Beitrag

Die Strompreiserhöhung zum 01. Januar 2008 verärgert Privathaushalte und Unternehmen. Die Politik versucht einen "Energiepakt für Deutschland" einzurichten, während die Stromkonzerne nach neuen Strategien suchen. Dabei gewinnen die erneuerbaren Energien wie Wind und Sonne immer mehr an Bedeutung.

Hohe Energiekosten machen den Unternehmen und Privathaushalten zu schaffen

Hohe Kosten für Energie und Wasser belasten deutsche Unternehmen und Privathaushalte. Die Stromkonzerne E.on und RWE haben Preiserhöhungen von bis zu 9,9 Prozent zum 01. Januar 2008 angekündigt. Die Globalisierung und der damit weltweit gestiegene Bedarf an Energie, besonders in den Boomländern China und Indien und das nicht entsprechend wachsende Energieangebot, sind Gründe für die letzte Preiserhöhung. Energie wird deutlich knapper. Verbraucherschützer hingegen fordern die Kunden auf, den Stromanbieter zu wechseln, da die Preiserhöhungen ungerechtfertigt seien. Auch die Politik sucht nach Maßnahmen, um die Belastung für deutsche Unternehmen und Privathaushalte zu senken. Sie fordert einen Energiepakt für Deutschland und diskutiert verschiedene Konzepte, die für mehr Wettbewerb unter den Stromkonzernen sorgen sollen. Selbst das Kartellamt hat Prüfungen angekündigt. [(1)](), [(2)](), [(3)](), [(4)]()

Die großen Stromkonzerne entdecken erneuerbare Energien: die Investitionen steigen rasant

Bisher ist der Strommarkt der erneuerbaren Energien in den Händen des Mittelstands. Firmen wie Enercon aus Ostfriesland sind Technologieführer bei der Windpropeller-Produktion, Solarworld aus Bonn kümmern sich um Solarstrom und der Ökoanbieter

LichtBlick hat bereits Hunderttausende Stromkunden. Und dies obwohl die großen vier Stromkonzerne RWE, E.on, Vattenfall und EnBW 80 Prozent der Stromproduktion kontrollieren. Dies soll sich nun ändern. Auch die Konzerne investieren jetzt Milliarden in die Produktion von erneuerbaren Energien.
E.on und Vattenfall haben beide jeweils ein Tochterunternehmen gegründet. Dieses soll das Geschäft mit erneuerbaren Energien erweitern und den Handel mit Klimazertifikaten für den Konzern weltweit ausbauen. Die Unternehmenstochter von Vattenfall hingegen besitzt ein Investitionsvolumen von 1 Milliarde Euro und soll Windparks auf hoher See und Biomasseanlangen bauen. (7)

Umbau bei Vattenfall

Der schwedische Stromkonzern möchte seine deutschen Ableger mit den polnischen fusionieren. Während der Liberalisierung des Strommarktes kaufte der Konzern Vattenfall mehrere deutsche Regionalversorger, wie z. B. HEW in Hamburg und Bewag in Berlin. Durch die Fusion sollen Kosten gesenkt werden. Weiterhin hat Vattenfall geplant in Berlin ein neues Kohlekraftwerk zu bauen. Die Politik ist allerdings dagegen und möchte den Bau unterbinden. Grund hierfür ist der geringe Wettbewerb auf dem deutschen Strommarkt. Anstatt eines neuen Kohlekraftwerkes von Vattenfall, das seine Vormachtstellung nur noch mehr untermauern würde, sollen von kleineren Betreibern mehrere Gaskraftwerke gebaut werden. Noch ist nicht klar, ob der schwedische Stromkonzern die Baugenehmigung doch noch erhält. (5), (6)

Strom aus dem Ausland - die Lösung?

Die Österreicher machen es vor und kaufen günstigen Strom im Ausland, anstatt ihn selbst zu produzieren. Da Österreich kein einziges Kernkraftwerk besitzt, ist es auf das Ausland angewiesen. Österreich produziert selbst nur Strom aus erneuerbaren Energien, besonders aus Wasserkraftwerken. Nach der Liberalisierung des Strommarktes 2002, können Stromkonzerne Atomstrom aus dem Ausland importieren. Dies ist notwendig, da auch in Österreich die Strompreise steigen. (8)

Fallbeispiele

Google: vom Verbraucher zum Stromproduzenten

Google möchte dank Investitionen in Millionenhöhe in erneuerbare Energien seinen eigenen Stromverbrauch decken und die überschüssige Energie in das öffentliche Netz verkaufen. Genaue Zahlen gibt es nicht, aber Google gilt als der größte Stromverbraucher in Silicon Valley. Bereits jetzt haben die Google Gründer Solarzellen auf das Dach der Zentrale bauen lassen. In 2008 will Google bereits mehrere zehn Millionen Dollar in erneuerbare Energien investieren. Langfristig sollen mehrere hundert Millionen Dollar ausgegeben werden. Damit wird sich auch das Image des Unternehmens zusätzlich verbessern. (13)

Kassel steigt auf Wasserkraftstrom um

Die Stadt Kassel ist die erste deutsche Großstadt, die sich ausschließlich mit Strom aus regenerativen Quellen versorgt. Kassel erhält Strom aus Wasserkraft, welches beim schwedischen Stromkonzern Vattenfall eingekauft wird. Die Kunden zahlen keinen Aufpreis. So leistet die Stadt Kassel einen spürbaren Beitrag zum Klimaschutz und hofft, dass noch weitere Großstädte nachziehen. Außerdem soll durch den ökologischen Mehrwert die Kundenbindung steigen. (9)

Aus Müll wird Strom

Die Rhein-Main-Deponie produziert aus Gas Strom und verdient damit Geld. Zehn Millionen Tonnen Abfall liegen auf der Müllhalde, aus der Methan aufsteigt und über Leitungen in ein Kraftwerk gepumpt wird. Die Turbinen dort erzeugen Strom für ca. 15.000 Haushalte. Damit der Müll nicht weniger wird, werden jährlich 45.000 Tonnen Biomüll klein gehackt, gerührt und zu Gas vergoren, das die Turbinen versorgt. (14)

Weiterführende Literatur

(1) Energiekosten zu hoch Firmen klagen über Strom-

und Wasserpreise
aus Frankfurter Rundschau v. 07.11.2007, S.9,
Ausgabe: R Region

(2) E.on provoziert heftige Proteste Bis zu 9,9 Prozent Aufschlag für Strom und Gas - Verbraucherschützer und Politiker raten zum Wechsel
aus DIE WELT, 16.10.2007, Nr. 241, S. 11

(3) Vorstoß gegen Strom-Monopole Die Wut über die massiven Preiserhöhungen wächst. Politiker diskutieren vier Konzepte, die für mehr Wettbewerb sorgen sollen. Die FR stellt sie vor.
aus Frankfurter Rundschau v. 13.11.2007, S.15,
Ausgabe: S Stadt

(4) E.on-Chef: Strom wird noch teurer Bernotat nennt Preisanstieg nötig - "Jeder kann problemlos wechseln"
aus DIE WELT, 29.10.2007, Nr. 252, S. 9

(5) Vattenfall unter Strom Konzernchef plant Umbau des Vorstands von deutscher Tochter / Widerstand wächst
aus Frankfurter Rundschau v. 07.12.2007, S.18,
Ausgabe: S Stadt

(6) Wirtschaft setzt Vattenfall unter Strom IHK und Handwerkskammer wollen das Oligopol am Strommarkt knacken. Sie fordern vom Senat, Vattenfall den Bau neuer Kraftwerke zu verbieten. Grüne, CDU und Linke zeigen Verständnis. Konzern weist die Kritik als tendenziös zurück

aus taz Berlin lokal, 07.12.2007, S. 21

(7) Die Riesen beginnen zu klotzen Die Stromkonzerne investieren Milliarden in Windkraft und Sonnenenergie. Sie wollen damit die Vorherrschaft kleiner und mittelständischer Unternehmen auf dem Markt für Öko-Strom brechen
aus DIE WELT, 31.10.2007, Nr. 254, S. 16

(8) Die Österreicher entdecken den günstigen Strom aus dem Ausland
aus HANDELSBLATT online 29.10.2007 06:00:00

(9) Kassel stellt auf Strom aus Wasserkraft um
aus Frankfurter Allgemeine Zeitung, 31.10.2007, Nr. 253, S. 16

(10) Schraven, David / Wetzel, Daniel / Kopp, Martin, Die Anti-Kohlekraft-Bewegung feiert ihre ersten Triumphe, Welt am Sonntag, 02.12.2007, Nr. 48, S. 32
aus Frankfurter Allgemeine Zeitung, 31.10.2007, Nr. 253, S. 16

(11) Energiefirmen verkaufen Strom an der Ladentheke
aus Handelsblatt Nr. 238 vom 10.12.07 Seite 19

(12) Windparks vor der Küste wachsen langsamer Verband senkt Erwartungen - Erste kommerzielle Anlage in deutschen Gewässern liefert ab 2009 Strom
aus DIE WELT, 06.12.2007, Nr. 285, S. 12

(13) Weg vom Stromfresser-Image Google investiert

Millionen in Öko-Strom
aus HANDELSBLATT online 28.11.2007 14:43:09

(14) Aus Dreck wird Strom Die Rhein-Main-Deponie
macht Müll zu Geld
aus Frankfurter Rundschau v. 13.11.2007, S.23,
Ausgabe: S Stadt

Impressum

Der Strommarkt im Umbruch - Neue Strategien der Stromkonzerne

Bibliografische Information der deutschen Nationalbibliothek

Die Deutsche Nationalbibliothek verzeichnet diese Publikation in der deutschen Nationalbibliografie; detaillierte bibliografische Daten sind im Internet über http://dnb.d-nb.de abrufbar.

ISBN: 978-3-7379-1235-8

© 2015 GBI-Genios Deutsche Wirtschaftsdatenbank GmbH, Freischützstraße 96, 81927 München, www.genios.de

Alle Rechte vorbehalten. Dieses Werk ist einschließlich aller seiner Teile – z.B. Texte, Tabellen und Grafiken - urheberrechtlich geschützt. Jede Verwertung außerhalb der Grenzen des Urheberrechtsgesetzes bedarf der vorherigen Zustimmung des Verlags. Dies gilt insbesondere auch für auszugsweise Nachdrucke, fotomechanische

Vervielfältigungen (Fotokopie/Mikroskopie), Übersetzungen, Auswertungen durch Datenbanken oder ähnliche Einrichtungen und die Einspeicherung und Verarbeitung in elektronischen Systemen.